Cornelia Haas · Ulrich Renz

Mein allerschönster Traum

Mój najpiękniejszy sen

Zweisprachiges Kinderbuch

mit Hörbuch und Video online

Übersetzung:

Joanna Barbara Wallmann (Polnisch)

Hörbuch und Video:

www.sefa-bilingual.com/bonus

Kostenloser Zugang mit dem Kennwort:

Deutsch: **BDDE1314**

Polnisch: **BDPL2521**

Lulu kann nicht einschlafen.
Alle anderen träumen schon –
der Haifisch, der Elefant, die
kleine Maus, der Drache, das
Känguru, der Ritter, der Affe,
der Pilot. Und der Babylöwe.
Auch dem Bären fallen schon
fast die Augen zu …

Du Bär, nimmst du mich mit in
deinen Traum?

Lulu nie może zasnąć. Wszyscy
inni już śnią – rekin, słoń,
myszka, smok, kangur, rycerz,
małpa, pilot. I lwiątko też.
Misiowi także, już prawie oczy
się zamykają …

Misiu, zabierzesz mnie do
twojego snu?

Und schon ist Lulu im Bären-Traumland. Der Bär fängt Fische im Tagayumi See. Und Lulu wundert sich, wer wohl da oben in den Bäumen wohnt? Als der Traum zu Ende ist, will Lulu noch mehr erleben. Komm mit, wir besuchen den Haifisch! Was der wohl träumt?

I już jest Lulu w misiowej krainie snu. Miś łowi ryby w jeziorze Tagayumi. A Lulu dziwi się, kto mieszka tam w górze na drzewach?

Gdy sen się kończy, Lulu chce jeszcze więcej przeżyć. Chodź ze mną, odwiedzimy rekina! O czym on śni?

Der Haifisch spielt Fangen mit den Fischen. Endlich hat er Freunde! Keiner hat Angst vor seinen spitzen Zähnen.

Als der Traum zu Ende ist, will Lulu noch mehr erleben. Kommt mit, wir besuchen den Elefanten! Was der wohl träumt?

Rekin bawi się z rybami w berka. Nareszcie ma przyjaciół! Nikt nie boi się jego ostrych zębów.

Gdy sen się kończy, Lulu chce jeszcze więcej przeżyć. Chodź ze mną, odwiedzimy słonia! O czym on śni?

Der Elefant ist so leicht wie eine Feder und kann fliegen! Gleich landet er auf der Himmelswiese.

Als der Traum zu Ende ist, will Lulu noch mehr erleben. Kommt mit, wir besuchen die kleine Maus! Was die wohl träumt?

Słoń jest lekki jak piórko i umie latać! Zaraz wyląduje na niebiańskiej łące.
Gdy sen się kończy, Lulu chce jeszcze więcej przeżyć. Chodź ze mną,
odwiedzimy myszkę! O czym ona śni?

Die kleine Maus schaut sich den Rummel an. Am besten gefällt ihr die Achterbahn.

Als der Traum zu Ende ist, will Lulu noch mehr erleben. Kommt mit, wir besuchen den Drachen! Was der wohl träumt?

Myszka przypatruje się wesołemu miasteczku. Najbardziej podoba jej się kolejka górska.

Gdy sen się kończy, Lulu chce jeszcze więcej przeżyć. Chodź ze mną, odwiedzimy smoka! O czym on śni?

Der Drache hat Durst vom Feuerspucken. Am liebsten will er den ganzen Limonadensee austrinken.

Als der Traum zu Ende ist, will Lulu noch mehr erleben. Kommt mit, wir besuchen das Känguru! Was das wohl träumt?

Smok jest spragniony od ziania ogniem. Najchętniej wypiłby całe jezioro lemoniady.

Gdy sen się kończy, Lulu chce jeszcze więcej przeżyć. Chodź ze mną, odwiedzimy kangura! O czym on śni?

Das Känguru hüpft durch die Süßigkeitenfabrik und stopft sich den Beutel voll. Noch mehr von den blauen Bonbons! Und mehr Lollis! Und Schokolade!

Als der Traum zu Ende ist, will Lulu noch mehr erleben. Kommt mit, wir besuchen den Ritter! Was der wohl träumt?

Kangur skacze po fabryce słodyczy i napycha swoją torbę do pełna. Jeszcze więcej tych niebieskich cukierków! I jeszcze więcej lizaków! I czekolady!

Gdy sen się kończy, Lulu chce jeszcze więcej przeżyć. Chodź ze mną, odwiedzimy rycerza! O czym on śni?

Der Ritter macht eine Tortenschlacht mit seiner Traumprinzessin. Oh! Die Sahnetorte geht daneben!

Als der Traum zu Ende ist, will Lulu noch mehr erleben. Kommt mit, wir besuchen den Affen! Was der wohl träumt?

Rycerz i jego księżniczka toczą bitwę na torty. Och! Tort śmietankowy nie trafił do celu!

Gdy sen się kończy, Lulu chce jeszcze więcej przeżyć. Chodź ze mną, odwiedzimy małpę! O czym ona śni?

Endlich hat es einmal geschneit im Affenland! Die ganze Affenbande ist aus dem Häuschen und macht Affentheater.

Als der Traum zu Ende ist, will Lulu noch mehr erleben. Kommt mit, wir besuchen den Piloten! In welchem Traum der wohl gelandet ist?

Nareszcie spadł śnieg w krainie małp! Cała zgraja małp jest całkiem poza
sobą i urządza przedstawienie.

Gdy sen się kończy, Lulu chce jeszcze więcej przeżyć. Chodź ze mną,
odwiedzimy pilota! W jakim śnie on wylądował?

Der Pilot fliegt und fliegt. Bis ans Ende der Welt und noch weiter bis zu den Sternen. Das hat noch kein anderer Pilot geschafft.

Als der Traum zu Ende ist, sind alle schon sehr müde und wollen nicht mehr so viel erleben. Aber den Babylöwen wollen sie noch besuchen. Was der wohl träumt?

Pilot lata i lata. Aż na koniec świata i jeszcze dalej, aż do gwiazd. To, nie udało się jeszcze żadnemu innemu pilotowi.

Gdy sen się kończy, wszyscy są już bardzo zmęczeni i nie chce im się nic więcej przeżyć. Ale chcą jeszcze odwiedzić lwiątko. O czym ono śni?

Der Babylöwe hat Heimweh und will zurück ins warme, kuschelige Bett.
Und die anderen auch.

Und da beginnt ...

Lwiątko tęskni za domem i chce wrócić do ciepłego, przytulnego łóżka.

I inni też.

I wtedy zaczyna się ...

... Lulus
allerschönster Traum.

... najpiękniejszy sen Lulu.

Die Autoren

Cornelia Haas, geboren 1972, machte zunächst eine Ausbildung zur Schilder- und Lichtreklameherstellerin. Danach hängte sie Schilder und Beruf an den Nagel und studierte Grafik-Design in Münster. Inzwischen illustriert sie mit großem Vergnügen Kinder- und Jugendbücher für verschiedene Verlage. Seit 2018 ist sie Professorin für Illustration an der Fachhochschule Münster.

Foto: Ingrid Hagenreich

Ulrich Renz wurde 1960 in Stuttgart (Deutschland) geboren. Er studierte französische Literatur in Paris und Medizin in Lübeck, danach arbeitete er als Leiter eines wissenschaftlichen Verlags. Heute ist Renz freier Autor, neben Sachbüchern schreibt er Kinder- und Jugendbücher.

Malst du gerne?

Hier findest du noch mehr Bilder der Geschichte zum Ausmalen:

www.sefa-bilingual.com/coloring

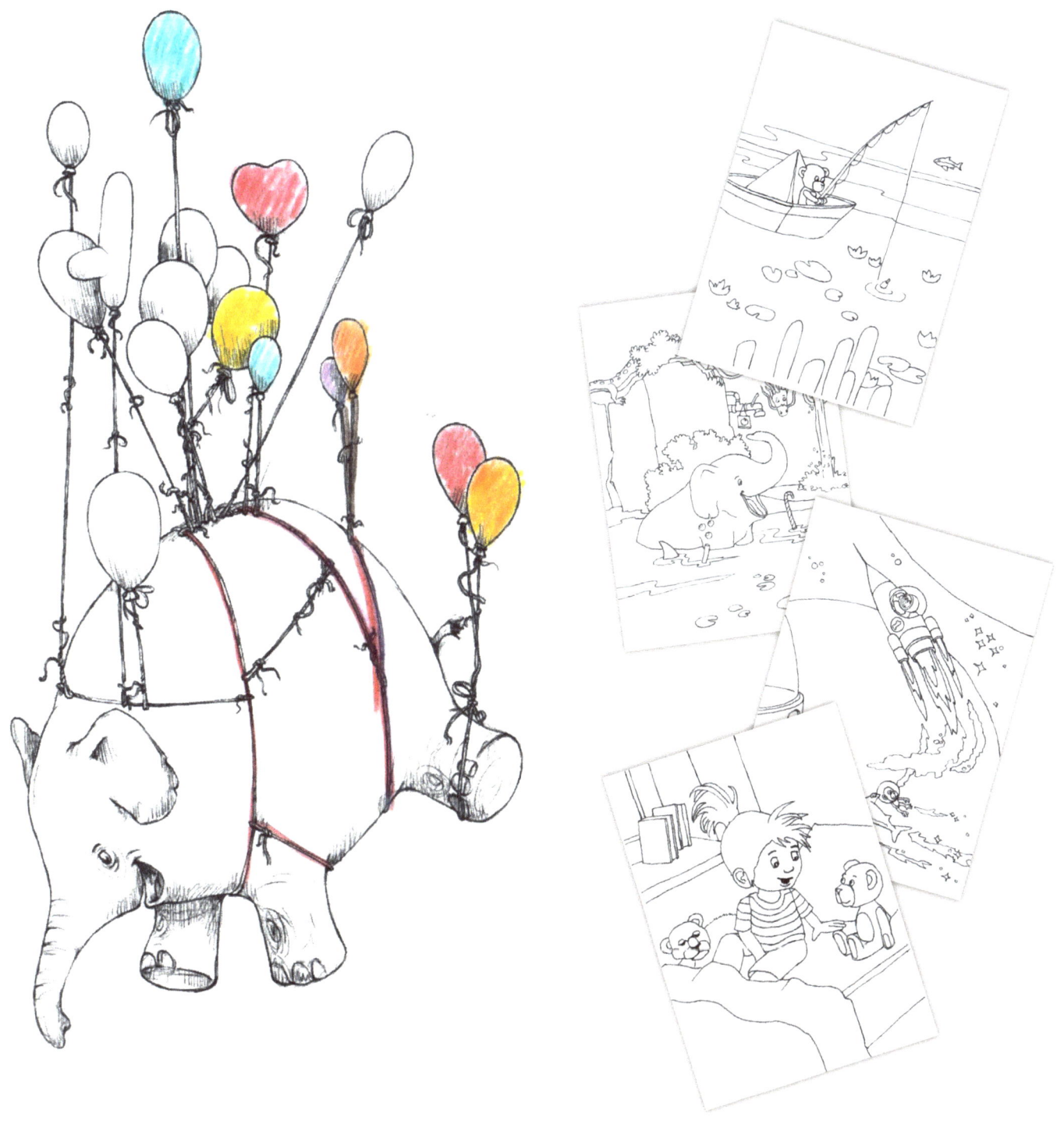

Schlaf gut, kleiner Wolf

Lesealter: ab 2 Jahren

mit Hörbuch und Video
online

Tim kann nicht einschlafen. Sein kleiner Wolf ist weg! Hat er ihn vielleicht draußen vergessen?
Ganz allein macht er sich auf in die Nacht – und bekommt unerwartet Gesellschaft...

In Ihren Sprachen verfügbar?

► Schauen Sie in unserem „Sprachen-Zauberhut" nach:

www.sefa-bilingual.com/languages

Ulrich Renz · Marc Robitzky

Die wilden Schwäne
Dzikie łabędzie

Nach einem Märchen von

Hans Christian Andersen

+ audio   + video

Deutsch   bilingual   Polnisch

Die wilden Schwäne

Nach einem Märchen von
Hans Christian Andersen

Lesealter: ab 4-5 Jahren

„Die wilden Schwäne" von Hans Christian Andersen ist nicht umsonst eines der weltweit meistgelesenen Märchen. In zeitloser Form thematisiert es den Stoff, aus dem unsere menschlichen Dramen sind: Furcht, Tapferkeit, Liebe, Verrat, Trennung und Wiederfinden.

In Ihren Sprachen verfügbar?

► Schauen Sie in unserem „Sprachen-Zauberhut" nach:

www.sefa-bilingual.com/languages

© 2024 by Sefa Verlag Kirsten Bödeker, Lübeck, Germany

www.sefa-verlag.de

Special thanks for his IT support to our son, Paul Bödeker, Freiburg, Germany

ISBN: 9783739963457

www.ingramcontent.com/pod-product-compliance
Lightning Source LLC
Chambersburg PA
CBHW041442120626
46547CB00002B/309